COURTES

RÉFLEXIONS

Sur plusieurs articles de quelques feuilles périodiques de la capitale répétés avec profusion par les journaux des départements de la même couleur;

PAR M.ʳ F. LEUDIÈRE DE LONGS-CHAMPS,

ANCIEN COLON A SAINT-DOMINGUE.

à Nantes,

IMPRIMERIE D'HÉRAULT, RUE DE GUÉRANDE.

Août 1825.

COURTES

RÉFLEXIONS

Sur plusieurs articles de quelques feuilles périodiques de la capitale répétés avec profusion par les journaux des départements de la même couleur;

PAR M.ʳ F. LEUDIÈRE DE LONGS-CHAMPS,

Ancien colon à Saint-Domingue,

Depuis l'abolition de la censure, les auteurs de certaines feuilles périodiques n'ont pas cessé de critiquer d'une manière scandaleuse la conduite du Clergé et les opérations du gouvernement, comme si ces véhéments détracteurs eussent pu ignorer qu'il est de l'essence de l'homme le plus vertueux, s'il se passionne pour le parti qu'il embrasse, de tomber dans l'erreur ; s'ensuit-il pour cela que, si un sur dix mille s'égare par un faux zèle, les autres soient responsables de son erreur ? Enfin, ces zélés détracteurs ont-ils pu ignorer que toutes les opérations du gouvernement sont discutées et mûries dans le Conseil, souvent présidé par le Roi, et que rien ne se fait sans l'aveu et la volonté du Monarque ? En attaquant ainsi les opérations du gouvernement, sans approfondir les motifs qui les ont déterminées, leur critique ne tombe-t-elle pas sur la conduite du Roi, qui les a ordonnées, malgré la sagesse et les bonnes intentions qu'ils ne peuvent s'empêcher de lui attribuer ? Contradiction manifeste et bien digne de la pitié qu'elle inspire.

Abjurant tout esprit de passion et de pointillerie, je me sers de mes yeux pour voir, de mes oreilles pour entendre, et d'un sens commun pour comparer et juger ; et je vois, dans le pays que j'habite (Nantes et ses environs), que la religion est honorée ; que les Pasteurs, par leur sage conduite et leur saint zèle, méritent les éloges des gens de bien ; que, depuis plus de vingt années de résidence, je n'ai pas vu la moindre chose qui ait pu scandaliser les fidèles.

Je vois que, d'après l'article 5 de la Charte,

Chacun professe sa religion avec une égale liberté, et obtient pour son culte une égale protection ;

Je vois que, par l'article 7, *Les Ministres de la religion catholique, apostolique et romaine, et ceux des autres cultes chrétiens reçoivent seuls des traitements du trésor royal ;*

Je vois que le Roi, lors de son couronnement, a promis de faire exécuter la Charte dans toutes ses dispositions, ainsi que les lois du royaume.

Les détracteurs voient partout des Jésuites, et je n'en vois nulle part.

Ils ont, dans le temps que les plénipotentiaires du gouvernement d'Haïti étaient en France, trouvé mauvais que le gouvernement français n'eût pas traité avec eux. Après la connaissance qu'ils ont eue de l'ordonnance du Roi, du mois d'avril 1825, et celle que cette ordonnance avait été accueillie avec joie et enthousiasme par le gouvernement, les autorités et le peuple d'Haïti, ils n'ont pas craint de se livrer à la critique la plus sévère sur les dispositions de cette ordonnance, et de semer dans leurs diatribes la méfiance et la mauvaise foi, sans considérer les motifs qui ont fondé et déterminé l'ordonnance du Roi.

La scission de l'Amérique avec l'Europe a commencé par le traité de paix conclu en 1783, qui a sanctionné l'indépendance des Anglo-Américains. Ces États-Unis, depuis cette époque, ont fait des pas de géant vers la prospérité. La douceur de leur gouvernement, la fertilité et l'étendue de leur territoire et de leurs côtes ont attiré un grand nombre d'Européens, qui sont allés chercher un bien-être dans ce pays fortuné : on peut avancer sans rien hasarder, que la population de ces États-Unis qui, en 1783, n'était que de trois millions d'habitants, peut être portée aujourd'hui au-delà de quinze millions.

La population des Colonies espagnoles et portugaises de l'Amérique du Sud s'est aussi considérablement augmentée, et l'on peut la porter sans exagération à quinze millions d'habitants.

Celle des îles de l'Archipel est de dix millions : ce qui formerait ensemble quarante millions d'habitants.

Depuis que les Colonies espagnoles et portugaises ont secoué le joug de leurs métropoles, déclaré leur indépendance et établi des gouvernements qui sont reconnus par plusieurs puissances ; et que les habitants des îles de l'Archipel ont une tendance à l'émancipation, il est impossible aujourd'hui à aucun gouvernement d'Europe d'opposer une digue à un torrent aussi formidable.

Il n'en faut pas douter, les états libres de l'Amérique se confédéreront pour la sûreté commune de leur indépendance, et la prédiction du savant abbé Raynal, *que l'Amérique n'appartiendra qu'à elle-même*, se réalise et s'accomplit.

Le vaste et fertile territoire de l'Amérique, deux fois plus étendu que l'Europe, peut occuper aisément deux cent millions d'habitants. Cette heureuse partie du globe attirera une forte portion de ses trois autres parties. Un sol aussi bien défendu par sa nature et son climat, ne peut aujourd'hui être envahi par aucune des puissances de l'Europe, qui n'ont plus d'autre parti à prendre que celui de former avec ces nouveaux gouvernements des traités d'amitié et de commerce.

En supposant que la France voulût reconquérir sa Colonie de Saint-Domingue, il faudrait répandre le sang d'au moins cinquante mille Français, dépenser cent millions de francs à cette conquête, et trois cent millions pour sa restauration. Resterait la partie espagnole, plus grande que la française, et qui serait une retraite, un refuge assuré pour les insurgés, qui pourraient de là harceler les habitants et les troupes françaises. En supposant encore que, par ces sacrifices, la France eût reconquis et restauré cette Colonie, la question serait de savoir si elle pourrait la conserver et combien il lui en coûterait d'hommes et d'argent pour la rendre inexpugnable. Un autre inconvénient serait de savoir ce que l'on ferait d'environ trois cent mille noirs déclarés libres par un décret de la Convention, *non encore rapporté*, et qui jouissent de cette liberté depuis plus de trente ans ; et, d'après l'abolition de la traite des noirs africains, on serait forcé d'employer des bras libres pour la culture des terres de cette Colonie ; leurs salaires absorberaient et au-delà le prix des denrées qu'ils cultiveraient. Il vaut mieux, je crois, ménager le sang français, et employer les quatre cent millions à mettre en valeur et en état de produire le quart inculte du territoire de la France, à protéger l'agriculture, le commerce et l'industrie.

Il n'est pas douteux que ce n'a été que d'après de profondes considérations sur cet état de choses que S. M. Charles X, son Conseil d'état entendu, a rendu l'ordonnance du mois d'avril 1825, accueillie et en partie exécutée.

Les détracteurs des opérations du gouvernement ont, par les diatribes insérées dans leurs feuilles incendiaires, non seulement attaqué la prérogative royale, mais suspecté la bonne-foi des deux gouvernements et celle des Ministres, en soupçonnant ces derniers de vouloir changer la destination des fonds assignés à indemniser les Colons. J'ose assurer qu'il ne se trouvera pas un seul Colon qui ajoute foi à cette indécente assertion.

Il est à présumer qu'une ordonnance royale établira le mode de liquidation des droits de chaque propriétaire colon, dans un délai qui ne pourra être plus court que cinq ans, temps où les termes de l'indemnité seront expirés, pendant lesquelles cinq années les Colons seront tenus de former leurs demandes en indemnité et de produire les titres et renseignements à l'appui, faute de quoi et ce délai expiré, ils seront de droit forclos, afin que la répartition n'en souffre pas de retard.

A l'époque de 1789 à 1790, les propriétés des Colons français à Saint-Domingue étaient estimées huit milliards, valeur de la Colonie, faisant, argent de France, cinq milliards quatre cent quarante-quatre millions de francs, dont l'intérêt serait d'environ deux cent soixante-douze millions de francs.

Cent cinquante millions de francs sont bien peu de chose, eu égard à des pertes aussi énormes et à des privations aussi longues et aussi douloureuses; le décret de la Convention, qui a accordé la liberté aux noirs, a occasionné la perte et le désastre des

Colons : il faut espérer que le Roi et les Chambres prendront en très-grande considération le sort des malheureux Colons, et qu'ils leur accorderont un surcroît d'indemnité. Qu'enfin, le gouvernement, dans sa sagesse, placera les fonds qui proviendront de l'indemnité due par le gouvernement haïtien, au fur et à mesure de leurs rentrées, pour leur faire porter intérêt jusqu'à la répartition définitive ; et, en attendant cette répartition, il accordera aux Colons des secours proportionnés à leurs besoins, leur âge et leurs infirmités.

Vive le Roi ! Respect à son sacré caractère et aux lois ! Honneur et respect aux Chambres !

LEUDIÈRE DE LONGS-CHAMPS.

A NANTES.

DE L'IMPRIMERIE D'HÉRAULT, RUE DE GUÉRANDE.